Gil Eanes Ilunga

Ministère auprès des enfants

Gil Eanes Ilunga

Ministère auprès des enfants

De nos jours source d'incompréhension

Éditions Croix du Salut

Imprint

Any brand names and product names mentioned in this book are subject to trademark, brand or patent protection and are trademarks or registered trademarks of their respective holders. The use of brand names, product names, common names, trade names, product descriptions etc. even without a particular marking in this work is in no way to be construed to mean that such names may be regarded as unrestricted in respect of trademark and brand protection legislation and could thus be used by anyone.

Cover image: www.ingimage.com

Publisher:
Éditions Croix du Salut
is a trademark of
Dodo Books Indian Ocean Ltd. and OmniScriptum S.R.L publishing group

120 High Road, East Finchley, London, N2 9ED, United Kingdom
Str. Armeneasca 28/1, office 1, Chisinau MD-2012, Republic of Moldova, Europe
Printed at: see last page
ISBN: 978-620-6-17049-5

Le ministère auprès des enfants

« De nos jours sujet de négligence et d'incompréhension »

A toutes les écoles de Dimanche victimes d'incompréhension et de négligence de la part des membres des églises.

REMERCIEMENTS

Mon plus grand regret de la vie, ... c'est de n'être pas passé par l'école de Dimanche pendant mon enfance. J'en suis vraiment navré.

Le temps passé auprès des enfants a fait de moi un grand enfant qui refait en silence l'école de Dimanche tout en étant enseignant. A mes côtés étaient plusieurs hommes et femmes de bonne foi que la liste ne saurait citer séparément.

La nature exige que l'homme soit reconnaissant en tout temps envers ses semblables qui lui prêtent mains fortes. Ainsi, toutes mes gratitudes à l'adresse de :

- Révérend KABWE LONGO André et l'éducation chrétienne
- Frère Valoir MUTOMBO, l'incarnation de la grandeur auprès des enfants ;
- Frère Florent MUJIKE, le conseiller en temps réel ;
- Sœur Gladys MWANZA, notre fidèle compagne d'œuvre auprès des enfants ;
- Aux frères Isaac KABONGO, Gustave ITEMA, Chérubin MPOYO et la Sœur Arielle NKUMWIMBA.
- Tous les moniteurs de Mont Des Oliviers ;
- Toutes les écoles de Dimanche qui nous ont fourni de fiables bases d'informations pour la rédaction de ce livret ;
- Tous ceux qui aiment et soutiennent le ministère auprès des enfants.

PREFACE

Ce n'est pas aujourd'hui qu'a commencé le ministère auprès des enfants ou l'école de Dimanche (ECODIM) et ce n'est pas non plus dans ce siècle que les mains malveillantes réussiront à l'effacer. La Bible nous dit dans les écrits de Moïse que l'Éternel lui-même a donné un ordre d'enseigner la parole de Dieu aux enfants (Deutéronome 6 :7). A la lumière de cette portion d'écritures, il est clair de comprendre que les enfants ne constituent pas une catégorie d'êtres humains à exclure du privilège d'être connecté à Dieu via sa sainte parole.

La base de l'école de Dimanche n'est pas un racontar des fables historiques stériles et vides de sens, mais la Bible, parole de Dieu. C'est sur elle que les écoles de Dimanche dignes de ce nom ont bâti leur ligne de conduite. Cette école est donc un cadre d'acquisition des connaissances spirituelles et chrétiennes et non une organisation de mutualité ou de la politique mondaine, moins encore un cadre de divertissement comme le croiraient certaines personnes.

Imaginez-vous une scène : deux enfants de différents âges se battent et sont sur le point de se blesser ou simplement se créer des traumatismes physiques. En tant que témoin oculo-auriculaire, ne chercherez-vous pas à les séparer en leur faisant voir les conséquences de leurs actes ? Serait-ce utile pour vous de les laisser se battre ? L'homme sage dans une situation pareille est celui qui dans cette situation n'aurait pas besoin de condamner l'un ou l'autre des deux, mais trouverait plaisir à leur fait voir les risques qu'ils encourent. Telle est la raison pour laquelle ce livre doit trouver sa place d'être aux yeux des hommes des églises.

Il y a dans nos églises une mauvaise perception de ce qu'est l'encadrement des enfants. Voilà pourquoi le cri de marginalisation, de négligence et d'appel à l'aide de nos enfants ne se perçoit qu'à moindre pourcentage car pour certains les enfants ne servent à rien dans les cultes et pour les autres, il faut simplement les écarter dans un coin appelé école de Dimanche dont on ne comprend même pas le rôle et l'impact dans leur vie.

A travers les générations, les hommes ont combattu et négligé d'une manière ou d'une autre les écoles de Dimanche, mais nous, moniteurs et enfants, ne perdons pas espoir en travaillant auprès des enfants, car seul Dieu nous porte secours en tout temps. Comme pouvait le dire David dans Psaumes 124, le secours du ministère auprès des enfants est dans le nom de l'Éternel, maître des cieux et de la terre.

Il y a un réel danger de ne pas considérer le ministère auprès des enfants ou de mener combat contre les enfants qui cherchent à baser leur vie sur les principes de Jésus-Christ. Parfois cela apparaît une chose de rien du tout, on dirait un grain de sénevé, cependant c'est une bombe à retardement qui est mise en marche et par laquelle l'avenir glorieux des enfants pourrait être compromis.

A travers les lignes qui suivent, que chacun prenne position et sache ce qu'il faudra faire de convenable à l'égard du ministère auprès des enfants.

<u>Gil Eanes ILUNGA BUKASA</u>

Formateur des encadreurs des enfants et des jeunes, Evangéliste

CONTENU

Brève histoire de la genèse de l'école de Dimanche

Acteurs impliqués dans le développement du ministère auprès des enfants

Laisser les enfants assister au culte

Ce que les enfants attendent de leur église

Quand on en veut à l'école de Dimanche

Le combat contre le ministère auprès des enfants : Qui est impliqué ?

Un:

BREVE HISTOIRE DE LA GENESE DE L'ECOLE DE DIMANCHE

a. ECOLE DE DIMANCHE ACTUELLE

L'école du dimanche actuelle, le plus grand mouvement laïc depuis la Pentecôte, fut fondée par un laïc, **ROBERT RAIKES.**

ROBERT RAIKES est né en 1736. Il fit un apprentissage chez son père, un imprimeur qui fonda le journal de Gloucester. Quand son père mourut en 1757, il reprit en main l'édition du journal, lui apportant sa touche personnelle en élargissant sa taille et en améliorant sa présentation.

Comme beaucoup de ses contemporains, il se sentait profondément concerné par le besoin de réforme dans le milieu carcéral, et il utilisait son journal pour communiquer au public les conditions terribles existant dans les prisons, qu'il connaissait de l'intérieur en tant que visiteur.

Après les émeutes de 1760, de nombreux contestataires furent emprisonnés pour avoir manifesté contre le prix du maïs, alors même qu'ils mouraient de faim. Frustré par des réformes inefficaces, Raikes devint de plus en plus convaincu qu'il valait mieux prévenir le vice que le guérir.

En visitant les quartiers pauvres de la ville, il fut alarmé de voir l'état de corruption des enfants. Entre 1702 et 1801, la population anglaise doubla, de plus en plus de gens déménageant dans les villes pour trouver du travail dans les usines. Les liens traditionnels et religieux de la vie de village étaient sérieusement menacés. Très souvent, il n'y avait pas de place pour les immigrants de la campagne dans les églises des cités industrielles, et une ou deux générations d'enfants grandirent sans aucune ligne de conduite religieuse ou morale.

Un jour, alors qu'il cherchait un jardinier, Raikes remarqua un groupe d'enfants chahutant dans la rue. La femme du jardinier lui dit que c'était encore pire le dimanche, quand la rue était pleine d'enfants jurant, passant leur temps dans le Brouhaha et les bagarres. La plupart de ces enfants étaient employés par l'industrie de la fabrication d'aiguilles et devaient travailler pendant de longues heures, 6 jours par semaines. En fait, le parlement anglais décrétera par la suite, en 1847, que la durée de travail quotidienne des enfants devrait être limitée à 10h par jour !

Raikes réalisa que les prisons étaient pleines de personnes dont l'enfance avait été ravagée. Raikes fit part de ce problème au révérend Thomas Stock, du village d'Ashbury. Ils réalisaient que les parents de ces pauvres enfants étaient « totalement abandonnés à eux-mêmes, n'ayant aucune idée d'instiller dans l'esprit de leurs enfants des principes qui leur étaient totalement étrangers ». Il fallait donc trouver d'autres moyens pour enseigner ces jeunes, sans quoi beaucoup finiraient en prison. Ils se mirent d'accord pour démarrer une école qui serait ouverte pendant le seul temps libre de la semaine : le dimanche. Ils décidèrent d'utiliser la seule main d'œuvre disponible, à savoir des laïcs. Le programme serait la Parole de Dieu, le but serait d'atteindre les enfants des rues, et non seulement les enfants des membres de l'église.

Tout enfant entre 5 et 14 ans était admis, sans tenir compte de l'état de ses vêtements. Les leçons étaient données par des dames convenables, payées1 shilling et 6 pence (Mrs. Meredith conduisit la 1ère école du dimanche dans son foyer en juillet 1780).

Au début, seuls les garçons y participaient, et la responsable donnait les leçons des plus grands, qui supervisaient ensuite le travail des petits. Raikes écrivit 4 livres d'étude, mais c'est la Bible qui était au cœur de l'école du dimanche. Plus tard, les filles furent admises à leur tour. Raikes supporta la plupart du fardeau financier de ces premières années. Il commença par engager 4 dames de la région qui lui permirent d'accueillir une centaine d'enfants.

Certains de ces pauvres enfants hésitèrent tout d'abord à venir dans ces écoles à cause de l'état de leurs vêtements, mais Raikes leur assura que tout ce dont ils avaient besoin était un visage propre et des cheveux peignés. Les enfants suivaient les cours de 10h à 14h, avec une heure de pause pour manger. Puis on les emmenait à l'église, où on leur enseignait le catéchisme jusqu'à 17h30. On donnait de petites récompenses à ceux qui maîtrisaient leur leçon ou dont le comportement dénotait une amélioration certaine.

Le caractère de beaucoup d'enfants fut transformé par leur fréquentation de l'école du dimanche.

Leurs jurons de malhonnêteté furent remplacés par un sens du devoir et un désir de nourrir leur esprit.

Le patron d'une manufacture de chanvre et de lin qui employait beaucoup d'enfants, un certain Mr. Church, commenta la transformation des enfants : « Le changement n'aurait pas pu être plus extraordinaire, à mon avis, comme s'ils avaient passé de l'état de loup et de tigres à l'état humain ! »

Le taux de criminalité chuta radicalement dans la ville de Raikes comme dans le comté après l'établissement de telles écoles. Un

Robert Raikes

magistrat passa un vote unanime de reconnaissance au bénéfice de l'école du dimanche pour la moralité de la jeunesse. En 1792, aucun accusé criminel ne se présenta devant le juge. Dix ans plus tôt, on aurait eu entre dix et cent cas.

En l'espace de 2 ans, plusieurs écoles virent le jour dans les environs de Gloucester. Le succès de ces écoles du dimanche fut rapporté dans le journal en 1783, et elles se répandirent à travers tout le pays. John Wesley remarqua : « *Je vois ces écoles pousser comme des champignons partout où je vais !* ».

Raikes voyait les écoles du dimanche comme une réponse toute simple au commandement de Jésus de « *paître mes brebis* ». Les enfants pauvres doivent être recherchés et aidés. « *Nul n'est capable d'imaginer quels bénéfices il peut apporter à la communauté en visitant la demeure des pauvres.* » Par conséquent, pour Raikes, le fait de servir le Seigneur en servant les enfants pauvres devait avoir des effets importants sur la société dans son ensemble : « Si la gloire du Seigneur doit être démontrée, même de façon minime, la société doit en récolter certains bénéfices. Si la bonne semence est semée pendant les premières années de la vie humaines, même si elle ne se montre pas pendant plusieurs années, il plaira à Dieu, dans les temps futurs, de la faire rejaillir afin qu'elle produise une abondante moisson.»

Certaines écoles de charité et des écoles du dimanche existaient déjà avant Robert Raikes, mais ce fut lui qui fit connaître et qui rassembla le public autour de cette vision. En 1785, une société des écoles du dimanche fut créée à Londres pour distribuer des Bibles et des alphabets. Editeur de métier, Raikes publia, importa et distribua les premiers livres, alphabets, catéchismes et copies des Ecritures qui de révélèrent si importantes pour le mouvement.

En 1788, John Wesley écrivit à un ami : « Je pense réellement que ces écoles du dimanche sont l'un des exemples de charité les plus nobles ayant pris en Angleterre depuis William le Conquérant ». Raikes lui-même donna toute la gloire à Dieu pour l'œuvre accomplie : « *Il a plu à la Providence de faire de moi un instrument pour introduire l'école du dimanche et les règlements dans les prisons. Pas à nous, Seigneur, mais à toi seul soit la gloire !*»

Robert Raikes mourut en 1811 d'une attaque cardiaque. Les enfants de la région qui fréquentaient son école du dimanche vinrent à son enterrement, et chacun reçut 1 shilling et un large morceau de gâteau aux pruneaux. Cette année-là, près de 500 000 enfants profitaient des bienfaits de cette institution. En 1831, les écoles du dimanche de Grande-Bretagne touchaient hebdomadairement 1,25 millions d'enfants, soit le quart de la population.

b. ORIGINE DE L'ECOLE DU DIMANCHE DANS LA BIBLE

1- La famille

L'idée de l'Eole du Dimanche remonte plus loin que les 2 siècles et presque trois décennies malgré qu'on célèbre le mouvement actuel de l'Ecole du Dimanche organisée en Angleterre. Juste, ce 200ème anniversaire du mouvement de l'Ecole du Dimanche moderne n'est certes pas la durée réelle de l'existence de l'idée biblique d'une Ecole du Dimanche. L'idée de l'Ecole du Dimanche remonte par contre à la période vétéro-testamentaire. Elle trouve plutôt sa vraie origine dans l'histoire de la nation juive. L'intention de Dieu était que la maison soit le premier endroit pour l'instruction des enfants. Malheureusement, beaucoup de parents ont négligé leur responsabilité.

Une des plus grandes raisons qui pousse Israël à se détourner de Dieu et à aller éventuellement en exile était le défaut de la première agence d'instruction qui est la maison. La désobéissance spirituelle au temps des juges était le résultat direct de ce défaut des parents. Comme les parents négligèrent leur responsabilité devant Dieu pour leurs enfants, les conséquences furent visibles sur la génération incrédule et indocile qui rejeta Dieu et sa Parole. «Toute cette génération fut, elle aussi, réunie à ses ancêtres décédés, et il s'éleva après elle une autre génération, qui ne connaissait pas l'Éternel, ni l'œuvre qu'il avait accomplie pour Israël. Les Israélites firent alors ce qui est mal aux yeux de l'Éternel et ils rendirent un culte aux Baals » (Juges 2.10, 11).

2- Les écoles des synagogues

Synagogues : C'est le nom donné aux lieux de réunion des Juifs à l'époque du N.T. Plus qu'aucune autre institution, la synagogue a marqué la foi juive. C'était là que le peuple et les dirigeants se rencontraient et qu'était enseignée la loi. En même temps qu'elle était un lieu de culte et de prière, elle constituait aussi un foyer pour la vie communautaire. Encore aujourd'hui, la synagogue est au centre de la vie religieuse juive.

La synagogue a été au départ un lieu d'instruction et de prière pendant la période de l'Exil, lorsque le culte au temple de Jérusalem était impossible; on trouve dans Ezéchiel 20.1 un élément qui pourrait expliquer son origine. L'histoire du développement des synagogues est inconnue mais au 1er siècle après J.C., il en existait une dans tous les lieux où étaient établis des Juifs; un minimum de dix hommes adultes était nécessaire pour le culte. Les grandes villes possédaient de nombreuses synagogues; une légende rapporte qu'il y en avait 394 à Jérusalem lorsque celle-ci fut détruite en 70 après J.C. Elles sont mentionnées dans les Evangiles comme des endroits où Jésus exerçait son ministère (p. exemple Luc 4.16) et les apôtres en firent le point de départ de leurs missions (p. exemple Actes 13.5, 14). Les hommes et les femmes prenaient place dans deux parties distinctes.

Les synagogues se trouvaient sous l'autorité d'anciens qui avaient le pouvoir d'exercer la discipline et de punir les membres. Le chef de la synagogue, (Marc 5.22) supervisait le culte ; le serviteur apportait les rouleaux (Luc 4.20) et exécutait les punitions par flagellation. Un interprète paraphrasait ensuite les lectures en araméen vernaculaires. Toute personne suffisamment qualifiée pouvait prendre la parole (Luc 4.16; Actes 13.15).

Après la captivité, la nation d'Israël vint à la conclusion que l'instruction spirituelle longtemps négligée devait être renforcée par la constitution d'autres groupes en dehors de la Maison. C'est ainsi qu'aussitôt retournés dans leur pays, ils s'organisèrent pour aider les parents avec l'instruction spirituelle vitale. 500 ans avant J.C., les synagogues furent établies pour l'adoration supplémentaire au temple. C'était pour redonner à l'adoration et à l'instruction la première place.

Plusieurs années après un système scolaire a été établi pour instruire chaque enfant à partir de 5 ans. Puis, rapidement, le système devait atteindre les familles et la communauté. Puis la coutume exigea que les dirigeants établissent des écoles où aucun enseignant ne devait pas avoir plus de 25 élèves ou étudiants. Au-delà de ce nombre, un assistant était pourvu.

Plusieurs enseignants de la synagogue n'étaient pas payés et étaient hautement respectés dans la communauté. Ces écoles n'étaient pas appelés Ecole du Dimanche, mais donnaient un enseignement similaire à celui de l'Ecole du Dimanche.

3- L'éducation chrétienne primitive

Au temps de Jésus Christ, l'éducation de la communauté des chrétiens était un élément vital dans la croissance de l'Eglise. Elle est directement attachée à la grande commission dans le processus de faire des disciples, « Allez, faites de toutes les nations des disciples,…, et enseignez-leur à garder tout ce que je vous ai prescrit.…» Pierre, Paul et les autres disciples mettaient tellement l'accent sur l'instruction de la Parole de Dieu.

La première organisation de l'Eglise est dans les Actes 6 où les disciples avaient plutôt besoin de se débarrasser du reste des charges pour s'occuper énergiquement de l'enseignement de la Parole de Dieu et la Prière. Peu après l'établissement des églises, les premiers dirigeants commencèrent des écoles pour l'instruction des nouveaux convertis et les aidèrent à grandir spirituellement. Ces écoles comprenaient des enfants et des adultes de tous les deux sexes, hommes et femmes.

La méthode utilisée était souvent la discussion qui offrait à la fois toutes les opportunités pour les questions et les réponses. Le curriculum commençait évidemment par la création et appliquait les vérités pour la plus grande partie des aspects de la vie chrétienne. Ces écoles étaient similaires aux écoles du dimanche. L'accent y était mis sur les vérités bibliques et comment les appliquer de façon pratique.

De cette façon, la croissance de l'Eglise primitive de quatre premiers siècles était avant tout due à une instruction efficace pourvue par ceux-là qui deviendront les pionniers de l'Ecole du Dimanche. Ceci équipait les chrétiens de l'Eglise de cette période et leur permettait de tenir le coup et de défendre avec force contre les hérétiques et contre les apostats qui suivirent cette époque.

On peut aussi citer pendant ces quatre premiers siècles, Grégoire l'arménien, qui s'était convertis au christianisme. Il aida par contre le roi d'Arménie d'accepter le Christ. Bientôt, toute la nation se convertie au christianisme qui est adopté. Grégoire établit des écoles similaires à l'Ecole du Dimanche d'aujourd'hui qui aideraient les nouveaux convertis à comprendre et appliquer la chrétienté.

Deux:
ACTEURS IMPLIQUÉS DANS LE DÉVELOPPEMENT DU MINISTÈRE AUPRÈS DES ENFANTS

Trois acteurs majeurs sont impliqués dans le développement harmonieux du ministère auprès des enfants :

a. L'EGLISE

Le rôle de l'église étant de présenter à Dieu un peuple bien disposé et mieux préparé à rencontrer Christ et prêt à l'héritage du Royaume des Cieux, toutes les catégories de personnes se trouvant au sein d'elle sont concernées et aucune d'entre elles n'est exclue. Les enfants en font partie, pour être clair.

L'église doit disposer d'une école au sein de laquelle les enfants apprennent de manière intentionnelle et équilibrée la parole de Dieu, sans laquelle les conséquences sont souvent dramatiques et incompréhensibles.

Les enfants étant membres de l'équipe ecclésiastique (Eglise tout court) d'aujourd'hui et grands responsables de celle de demain doivent bénéficier d'un bon encadrement très utile pour assurer leur croissance spirituelle (**Esdras 10 :1 ; Néhémie 12 :43 ; Deutéronome 31 :12 ; Marc 10 :13**).

b. LES PARENTS

Dieu attend que sa volonté soit remplie dans chaque famille chrétienne. C'est aux parents de montrer aux enfants qu'ils ont part de responsabilité dans le milieu où ils vivent (Génèse 18:18).

L'enfant est d'une famille et son éducation en dépend. Alors, quelle éducation pour nos enfants ? La famille est le centre des caractères de nos enfants pour avoir des enfants équilibrés. Elle est d'une très grande importance car 1 Timothée 5 :8 nous dit :

"si quelqu'un n'a pas soins de siens, et principalement de ceux de sa famille, il a renié la loi, et il est pire qu'un infidèle".

Rôle des parents dans l'éducation spirituelle des enfants

Il s'agit pour les parents d'enseigner leurs enfants (Deutéronome 6:7), de former, d'instruire les enfants selon la voie qu'ils doivent suivre (Proverbes 22:6), de les éduquer (Ephésiens 6:7), de les aimer à l'exemple de la mère de Jésus (Jean 19:25), d'éviter des considérations partielles des enfants. Isaac aimait Esaü et Rébecca aimait Jacob (Genèse 25:28); Israël aimait Joseph plus que les autres (Génèse 37:3-24). Si notre enfant se pervertit, faisons recours au Seigneur (Agar dans Génèse 21:14-20, Job 1:5; Marc 7:26).

Les enfants doivent trouver de l'amour à la maison, et les parents doivent éviter l'usage des fouets, leur enseigner le salut à l'exemple de Samuel, de suivre la relation de l'enfant avec la société, déviter de faire des enfants des gardiens de maison car Dieu nous a recommandé de nous présenter devant lui avec nos enfants (Matthieu 21:15-16).

Nous fournissons tous les efforts pour remplir le cerveau de nos enfants avec le calcul, l'anglais, la géographie etc... mais rien pour être de vrais chrétiens.

- **Parents : Comment apprendre aux enfants à aimer Jésus et grandir en Lui**

Apprendre à son enfant à aimer Christ a toujours été une mission noble que les parents devraient accomplir avec beaucoup d'enthousiasme. Malheureusement, aujourd'hui le constat est clair et triste à la fois. C'est le lieu où plusieurs parents démissionnent.

En lisant Proverbes 22 :6, une mauvaise nouvelle s'en dégage : il est quasi impossible d'apprendre à son enfant à aimer Christ, si on n'est pas soi-même amoureux de Christ. Quand nous étions enfants, nous copions ce que faisaient nos parents. Malgré notre bonne volonté, si nous n'aimons pas Christ nous-mêmes, cela se dépeindra sur la vie de nos enfants.

Jean 5:19 dit: « *Jésus reprit donc la parole, et leur dit: En vérité, en vérité, Je vous le dis, le fils ne peut rien faire de Lui-même, Il ne fait que ce qu'Il voit faire au Père ; et tout ce que le Père fait, le Fils aussi le fait pareillement. »*

Si nous n'aimons pas Christ, ça sera peine perdue de montrer à notre enfant à l'aimer. Je pense qu'avant même de parler de notre désir d'aimer Christ, il faudrait d'abord L'accepter. Car dans la vie de tous les jours, il est très facile d'aimer une personne que nous avons acceptée ou adoptée. Car c'est utopique d'apprendre à aimer une personne que nous ne connaissons pas.

Dans le processus d'apprendre à notre enfant à aimer Christ, il convient de lui annoncer la bonne nouvelle de Christ. C'est partant de cette réalité qu'il sera disposé à apprendre à aimer Christ.

Par ailleurs, apprendre à notre enfant à aimer Christ implique un suivi et un investissement personnel. Nous devons investir de notre temps et des moyens financiers dans cet élan d'apprentissage.

1. Apprendre à méditer la Bible avec l'enfant.

Il est du devoir de tout parent de se préoccuper du salut de sa progéniture. Nous sommes les encadreurs des enfants que le Seigneur nous donne et c'est en même temps une très grande responsabilité. Il est de notre rôle de trouver les astuces pour méditer la Bible avec l'enfant, en ce qui concerne le choix des heures de méditation, les livres et versets et du niveau de compréhension de l'enfant. Il faut prendre le soin de lui expliquer les passages, la leçon à retenir (point d'intérêt pédagogique) et l'application à notre vie. Travailler de sorte que cela rentre dans ses habitudes de tous les jours. Lire Proverbes 22 :6 (LSB).

2. Acheter des livres chrétiens pour son édification.

On peut encourager l'enfant à la lecture des livres chrétiens à travers l'achat de ces livres pour lui, et lui demander de faire le résumé de chaque chapitre ou du livre après lecture. Et lorsque le travail est bien fait, lui remettre un présent de façon symbolique, afin de l'encourager. Cette manière de faire va finir par le motiver à s'intéresser à la lecture des livres chrétiens et à la Bible également. Ce dont je suis sûr, c'est qu'il découvrira des principes bibliques qui vont l'aider à connaître et aimer davantage le Seigneur Jésus-Christ.

3. Inscrire l'enfant à l'école de Dimanche de son église.

Il est préférable que tu inscrives ton enfant à l'école du dimanche de ta communauté si cela existe bel et bien. Certes, tous n'avons pas forcément fait l'école du dimanche, mais il faut reconnaître que c'est un creuset de formation de plus. Elle donne plusieurs opportunités à l'enfant, surtout les bases bibliques.

L'enfant bénéficie de l'encadrement spirituel des moniteurs qui sont bien outillés pour cette œuvre.

4. Faire participer l'enfant aux camps et colonies bibliques de l'école de Dimanche

Les vacances ont toujours été le moment propice pour permettre à l'enfant de prendre part aux camps et colonies bibliques. C'est pourquoi il est important pendant les vacances, de prendre le soin d'inscrire l'enfant afin qu'il prenne part aux camps ou colonies bibliques. Ceci lui permettra de sortir de son environnement habituel, d'apprendre et de se faire des amis chrétiens. Les enseignements, exposés, études bibliques… aideront l'enfant dans sa croissance spirituelle, aussi son amour pour Dieu grandira. A l'instar de l'école du Dimanche, les camps et colonies bibliques sont des creusets de formation pour nos enfants.

5. Passer du temps avec l'enfant.

Il est extrêmement important de trouver du temps pour son enfant mais aussi de passer du temps avec lui. De temps à autre il nous faut parler avec nos enfants de notre propre expérience avec le Seigneur tout en prenant en compte leur âge. Très important. Ainsi, saura-t-on quoi dire à celui qui a 5 ans, et quand il aura 10 ans, on saura approfondir. Cette manière de faire favorisera une vraie relation avec Christ. Et du coup, nous devenons un repère pour l'enfant dans sa croissance spirituelle et son amour pour Dieu. Ne jamais oublier de lui dire que Christ l'aime et l'aimera toujours, qu'Il comprend ses faiblesses, ne le juge pas et est son meilleur ami. Commence à aimer Christ, ton enfant finira par aimer Christ autant que toi et plus. Prends soin de toi et de la croissance spirituelle de ton enfant. Shalom !

c. LES ENSEIGNANTS DES ENFANTS (Moniteurs)

Le but de l'école de dimanche est d'aider les enfants à rencontrer Jésus-Christ et à l'accepter comme leur sauveur Personnel. Les enfants comme les adultes ont aussi besoin d'être sauvés. Les moniteurs doivent ainsi être bien formés et mieux équipés pour permettre la transmission de la Parole de Dieu aux générations à venir.

Trois :

LAISSER LES ENFANTS ASSISTER AU CULTE

Dans nos paroisses congolaises, on chasse et/ou maltraite les enfants pendant les cultes, et personne ne s'en soucie parce qu'on pense que ce sont des êtres insignifiants, sans valeur. La Bible ne nous dit pas à partir de quel âge les enfants devraient assister au culte dominical. De toute évidence, la pratique varie d'une église à l'autre. Voici quelques réflexions sur ce propos.

Le culte s'adresse aussi aux enfants

C'est de récente date que les enfants ne participent plus intégralement au culte d'adoration depuis que l'école du dimanche a été inventée vers la fin du 18e siècle. Durant toute l'histoire de l'Église, on considérait que le culte d'adoration s'adressait également aux enfants qui y participaient avec leurs parents.

Sans le vouloir, certaines Églises communiquent parfois l'impression aux enfants que le culte n'est pas pour eux. Ceux-ci sont exclus du culte jusqu'à l'âge adulte, puis l'on voudrait qu'ils s'y intéressent subitement lorsqu'il n'y a plus de classe spécifique pour leur catégorie d'âge.

Il n'est donc pas étonnant que plusieurs quittent alors l'Église, « puisqu'il n'y a plus rien pour eux ». On constate que les Églises qui appliquent le principe d'intégration des enfants au culte voient généralement un nombre plus grand d'enfants persévérer dans la vie d'Église une fois adultes.

Pour quel objectif intégrer les enfants ?

L'objectif en cherchant à intégrer les enfants au culte est de leur apprendre à adorer Dieu : chanter ses louanges, écouter la prédication de sa Parole, prier en Église et écouter les prières des autres croyants, apporter une offrande, confesser leurs péchés, etc. À moins qu'on ne les conduise dans l'adoration, il est rare que les enfants apprennent à adorer Dieu.

À moins qu'on ne les conduise dans l'adoration, il est rare que les enfants apprennent à adorer Dieu.

Les parents ne doivent pas simplement se contenter que leur enfant se conforme extérieurement aux rituels, mais ils doivent chercher à développer une attitude sincère dans le cœur de leur enfant. Ils y arriveront petit à petit par la grâce de Dieu lorsque leur enfant prendra conscience de la présence invisible, mais réelle de Dieu et qu'il apprendra à le craindre et l'aimer.

Comment fait-on pour intégrer un enfant au culte ?

Intégrer un enfant au culte n'est pas chose facile. La première étape consiste à habituer l'enfant à rester assis sans déranger pendant une assez longue période de temps. Il est sage de débuter de manière progressive jusqu'à ce que l'enfant puisse rester durant tout le culte.

Pour faciliter l'intégration des enfants au culte, il est généralement préférable que les familles avec de jeunes enfants s'assoient à l'arrière de la salle de culte. Ainsi les autres personnes présentes au culte pourront, en s'assoyant vers l'avant, se concentrer plus aisément.

Il est sage de débuter de manière progressive jusqu'à ce que l'enfant puisse rester durant tout le culte.

De plus, les parents seront beaucoup plus à l'aise d'intervenir auprès de leur enfant en étant assis à l'arrière et de pouvoir quitter la salle avec leur enfant lorsque cela est nécessaire. Bien entendu, cela peut varier en fonction de la disposition des lieux.

Pour des parents qui n'ont jamais pratiqué ce genre d'exercice avec leur enfant, la tâche paraîtra peut-être impossible. Certains seront effrayés par cette méthode et ne voudront pas même l'essayer, ils chercheront plutôt une Église qui prendra en charge leurs enfants pendant le culte. Ne vous laissez pas décourager si facilement.

L'intégration d'un enfant, même le vôtre, est possible ; votre enfant n'est pas un cas exceptionnel ni désespéré! Généralement les Églises qui pratiquent l'intégration des enfants au culte sont heureuses d'assister les parents dans cette démarche ; n'hésitez pas à demander de l'aide.

Les enfants, le bruit et le reste de l'Église

Le seuil de tolérance au bruit varie grandement d'une personne à l'autre. Les parents avec de jeunes enfants sont généralement habitués à vivre dans un environnement plus bruyant et arrivent à garder leur concentration même lorsque leurs enfants sont turbulents.

Ceux qui ne vivent pas continuellement avec de jeunes enfants seront plus facilement dérangés par la présence bruyante des enfants qui peut devenir irritante pour eux dans un moment dédié à la méditation et à l'adoration.

Les parents doivent veiller à ce que leurs enfants ne soient pas une source de distraction durant le culte. Si un enfant est incapable de se taire ou de se tenir tranquille sur sa chaise, le parent devrait intervenir rapidement en sortant discrètement de la salle avec son enfant, au moins le temps de lui faire comprendre qu'il doit demeurer silencieux dans la salle de culte.

Il est également important d'éviter les déplacements inutiles durant le culte. Les parents doivent s'assurer que leur enfant n'aura pas besoin de se lever durant la réunion pour aller à la toilette ou pour boire à moins d'une véritable urgence.

Ceux qui n'ont pas de jeunes enfants devraient soutenir les parents et les moniteurs rn montrant une attitude de support envers eux, en priant et en apprenant à aimer leurs enfants.

L'objectif d'intégration au culte est atteint lorsque les enfants participent au culte. Ils ne doivent pas être assis passivement comme s'ils se trouvaient dans une salle d'attente, mais doivent apprendre à rendre un culte à Dieu. Pendant des mois, les parents vont travailler pour atteindre cet objectif.

Ils y arriveront en développant une écoute active chez leur enfant en attirant son attention sur chaque élément du culte en lui expliquant à l'oreille ce qui se passe : « Nous devons maintenant nous lever pour chanter à Dieu. » « C'est maintenant le temps d'écouter la Parole de Dieu. » « Nous allons donner une offrande à Dieu, veux-tu la remettre pour notre famille? »

Il est important d'attirer l'attention d'un enfant sur le déroulement du culte, de lui expliquer les différents éléments du service, de ramener son attention vers la prédication, etc.
Pendant la prédication, les parents peuvent donner de petits exercices à leur enfant : prendre en note toutes les références bibliques, relever les points du message, retenir une illustration pour la raconter à la maison, etc.

Bien sûr, ce genre d'exercice sera surtout possible pour les enfants qui savent lire et écrire, mais même les très jeunes enfants peuvent apprendre à demeurer attentifs durant la prédication. Une façon d'aider ceux-ci consiste à ramener occasionnellement leur attention sur le message par de courtes phrases clés adaptées au niveau de l'enfant : « Le pasteur nous demande d'ouvrir la Bible… » « Écoute bien cette petite histoire qu'il va raconter. » « Le monsieur nous dit que Dieu est très puissant… » « Chante à Dieu! »

Le prédicateur devrait aussi s'adresser directement aux enfants présents et les aider à écouter en leur préparant des questions en lien avec son message.

Malgré l'importance du rôle de l'Église, la responsabilité ultime de l'instruction des enfants dans le Seigneur a été donnée par Dieu aux parents (Éph 6.4 ; Dt 6).

L'Église ne peut d'aucune façon remplacer les parents dans cette tâche. Il est donc impératif que l'instruction chrétienne se poursuive à la maison et que les principes d'intégration au culte ecclésial soient mis en pratique dans le culte familial.

À la maison, les parents peuvent revenir sur le sermon du dimanche en l'adaptant au niveau de leur enfant. En posant des questions à leur enfant, ils seront en mesure d'évaluer ce qu'il a compris.

Les bienfaits

Pourquoi prendre tant de peine pour intégrer son enfant au culte d'adoration et à la vie d'Église? Parce qu'il en recevra de nombreux bienfaits durant toute sa vie!

Avec un peu de persévérance, cet effort portera son fruit. Cette discipline servira à votre enfant dans toutes les autres sphères de sa vie : à l'école, dans ses relations, pour ses futurs emplois, dans sa vie d'adulte, etc. Mais par-dessus tout, cette route est celle qui mène au Seigneur.

C'est parce que nous désirons voir nos enfants s'attacher à Christ et à son Église que nous cherchons à les intégrer au culte d'adoration.

Quatre :

CE QUE LES ENFANTS ATTENDENT DE LEUR EGLISE

Les enfants et les adolescents savent ce qu'ils attendent de leur église. Chaque personne a ce qui l'attire et nous savons qu'elle a des goutes et des choix différents et indiscutables sur base de leurs formes et fonds. Même les enfants, petits qu'ils sont, ont des choses qu'ils désirent et attendent de la part de leur église.

Améliorer la structure de l'église

Les enfants et les adolescents ont affirmé qu'ils voulaient bénéficier de meilleures structures. Il est intéressant de souligner que les adultes interrogés dans le cadre de l'étude semblaient satisfaits de l'apparence des pièces et des équipements pour les enfants. L'arrangement des pièces dans lesquelles se déroulent leurs activités est important pour eux. Ceci est intéressant, car nous, adultes, ne sommes pas toujours conscients de l'importance que revêt l'aspect matériel de nos bâtiments ou des équipements pour les enfants. Or, ces choses-là comptent pour eux.

La gentillesse des adultes

Les enfants ont exprimé le désir de voir régner un esprit de gentillesse et souhaitent se sentir acceptés. Ils voudraient que les membres d'église fassent davantage d'efforts pour les "aider à se sentir intégrés". Ils aimeraient également que les adultes n'aient pas tendance à les juger et fassent preuve de plus de tolérance.

Les enfants et les adolescents souhaiteraient que les membres d'église les aident "à se sentir intégrés". Faites en sorte qu'ils [les enfants] se sentent les bienvenus, ainsi, ils aimeront venir à l'église." Imaginons un instant que sur cent personnes assises sur les bancs de l'église, quatorze enfants ou adolescents ne se sentent pas intégrés. Cela fait un grand nombre d'enfants et d'adolescents malheureux. En revanche, les parents et les responsables ont une perception différente de la situation. Ils ont le sentiment que les enfants sont intégrés. Peut-être en est-il ainsi parce que les enfants et les adolescents font partie de familles qui le sont. Il semble qu'il nous faille faire plus d'efforts pour que nos enfants se sentent à l'aise à l'église. Peut-être devrions-nous les accueillir en les appelant par leur prénom, ou en proposant que ce soient des enfants qui accueillent les autres enfants.

La participation

Il est important de donner aux enfants l'occasion de participer aux activités de l'église. Ils aimeraient pouvoir prendre une part active dans l'église plus fréquemment. Par contre, les adultes semblent penser que les occasions qui leur sont données sont suffisantes. Pourtant, les enfants sont catégoriques : ils regrettent de n'être sollicités qu'en de rares occasions. Leur ardent désir d'être actif est un bon signe. Les enfants qui sont désireux de participer aux activités s'ils en ont l'autorisation sentent qu'ils font partie de la communauté de foi.

Une église ouverte aux enfants doit penser à les inclure dans l'organisation des services habituels. Cela leur permet de se sentir unis à la communauté. Les enfants peuvent être plus souvent invités à annoncer un cantique ou à lire un passage de la Bible.

Les rencontres sociales

Les enfants aiment participer à des rencontres sociales animées et adaptées à leur âge. Les pique-niques, les fêtes, les camps et les journées exceptionnelles sont une part importante de leur vie. Les enfants ont tendance à considérer que toute occasion de rassemblement est une activité sociale. C'est la raison pour laquelle les activités du Département jeunesse ont tellement d'importance pour les enfants. Cela confère une lourde responsabilité à l'église. Il est essentiel que celle-ci organise une grande variété d'événements pour les enfants et les adolescents.

Il est important de dire aux parents et aux responsables ce que les enfants considèrent comme étant divertissant. Les enfants et les parents ont des conceptions différentes de ce qui est distrayant. Il peut être utile de demander aux enfants et adolescents quelles sont les activités sociales qui les intéressent.

L'intérêt spirituel

Les enfants et les adolescents interrogés dans le cadre de l'étude ont fait preuve d'un intérêt pour le domaine spirituel. Ils sont très intéressés par les prédications qu'ils peuvent comprendre. Par contre, les prédications sans fin et les services très longs font partie des expériences négatives qu'ils vivent à l'église. La formation spirituelle des enfants relève essentiellement de la responsabilité des parents. Cependant, l'église partage cette responsabilité.

En fait, les parents et les responsables d'église devraient unir leurs efforts pour répondre aux besoins spirituels des enfants. Voici ce qui devrait se passer dans une église ouverte aux enfants.

La sécurité

La sécurité des enfants et des adolescents est une autre dimension essentielle d'une église ouverte aux enfants.

Parfois, les parents, les tuteurs et les responsables considèrent que c'est une chose acquise. Mais les mesures de sécurité adéquates ne sont pas toujours prises. De plus, les parents et les enfants ne semblent pas partager le même point de vue au sujet de la sécurité. Il apparaît que peut-être, les enfants et les parents ne parlent pas beaucoup des divers aspects de la sécurité.

Une église ouverte aux enfants doit attirer l'attention de la communauté sur l'importance de la sécurité. Dans une église ouverte aux enfants, il est nécessaire de les inciter à être vigilants lorsqu'ils sont en relation avec d'autres personnes, y compris des personnes inconnues, notamment quand leurs parents ou les personnes responsables d'eux ne se trouvent pas à proximité. Nous ne pouvons sous-estimer la question de la sécurité des enfants. De plus, un enfant peut avoir une vision limitée de la notion de sécurité.

Lorsqu'on attire uniquement l'attention d'un enfant sur les dangers de la circulation, par exemple, celui-ci n'imagine peut-être pas qu'il doit être prudent lorsqu'il se trouve en compagnie de gens susceptibles de le blesser ou de le placer en situation dangereuse. De plus, les parents peuvent placer leur confiance dans les personnes occupant des postes de responsabilité dans l'église et considérer que leurs enfants sont nécessairement en sécurité avec elles. Il est donc indispensable d'éduquer à la fois les enfants et les adultes sur les questions de sécurité environnementale et personnelle, sans oublier la protection des enfants d'éventuels agresseurs.

Il est important de choisir soigneusement les personnes qui travaillent avec les enfants. Il devrait également y avoir davantage de dialogues entre les enfants ou adolescents et leurs parents ou tuteurs sur la question de la sécurité. Les enfants et les adolescents doivent être encouragés à aborder ce sujet. Ainsi, une église sensible aux besoins des enfants doit se préoccuper de cela et veiller à communiquer sur cette question.

Répondre à leurs besoins émotionnels

Une église ouverte aux enfants doit être capable de proposer un environnement leur permettant de se sentir acceptés, aimés, et leur donnant la conviction qu'ils appartiennent à la communauté. En d'autres termes, une église ouverte aux enfants doit s'intéresser aux besoins émotionnels des enfants et des adolescents qui la fréquentent.

Les enfants qui ne se sentent pas les bienvenus pourraient cesser de fréquenter l'église. Se sentir le bienvenu, c'est se sentir accepté. Les enfants ont besoin de se sentir acceptés. Ainsi, les adultes devraient faire davantage d'efforts pour répondre à ce besoin émotionnel. Ce serait une bonne idée, par exemple, d'inviter les enfants visiteurs à signer un registre à l'accueil, comme cela est proposé aux adultes.

Personne ne remet en question l'importance de rendre visite aux membres adultes de l'église lorsque ceux-ci sont absents. La première étape indispensable pour faire de l'église un lieu d'accueil pour les enfants, est d'écouter ce qu'ils ont à nous dire au sujet de l'église. L'étape suivante est d'œuvrer pour rendre l'église ouverte aux enfants, en fonction de leurs besoins et de leurs observations. Le bien-être des enfants de l'église revêt une importance capitale. Si les besoins des enfants ne sont pas satisfaits, l'église manque son but, à savoir s'ouvrir à eux.

Cinq :

QUAND ON EN VEUT A L'ECOLE DE DIMANCHE

Étonnantes ne sont plus les attaques et les rivalités parmi les hommes qui confessent le nom de Jésus de Nazareth.

Ce que par ailleurs l'environnement païen était censé seul faire a été copié et se pratique actuellement dans l'église. En dépit de tout cela, que celui qui est sur une bonne voie prenne garde de trancher. Satan était le seul à mener combat contre les chrétiens, malheureusement il s'est trouvé des adeptes parmi les chrétiens eux-mêmes.

Un présent qui devient boiteux et un avenir qui sera paralysé

Gagner un enfant pour le compte de Jésus revient au même prix que gagner tout son avenir, son futur foyer, son travail, sa morale de vie, son tout. Perdre un enfant, c'est perdre quasiment son avenir.

Nombre de ceux qui combattent le ministère auprès des enfants ne pensent surtout pas au fait qu'ils sont des destructeurs du futur monde et contribuent activement à l'exposition d'un niveau quelconque de délinquance des futurs jeunes. Signalons encore que les écoles de Dimanche, après leur création, avaient constitué l'une des voies d'éradication de la délinquance juvénile.

L'avenir dépend de deux éléments essentiels, le passé et le présent. Avant de combattre ce ministère, l'homme intelligent et Sage réfléchit d'abord quant à ce qu'il aurait donné collège fruits dans le passé. Nous en tenant à ce principe, il n'est donc pas étonnant de constater que les parents ennemis de l'église donnent prochainement naissance à une lignée de barbarie et ennemie de l'église et des choses sacrées de Dieu.

Pour que l'avenir des enfants ne soit pas paralysé, il faut que le présent ne soit frappé ni de parésie ni de boiterie. L'école de Dimanche est une grande pépinière de grands hommes ou responsables de l'église des jours à venir, et constitue par-là le socle de l'élévation de la communauté. Il faut la protéger avec toute énergie et non la stresser ou la marginaliser de crainte de créer des fissures dans ses murs qui créeraient un effondrement.

Avoir l'espoir de voir bien grandir les enfants dans une maison dépend de plusieurs facteurs, notamment la présence des parents ou tuteurs et leur accompagnement effectif, le type d'éducation donnée.

L'école de Dimanche donne aux enfants une éducation chrétienne qui leur interdit de voler chez soi ou chez autrui, mépriser les prochains, calomnier, tuer... et apprendre à faire des dons, offrandes, bonnes actions selon Dieu ; tout cela pour arranger le présent de la vie des enfants et prévenir les mauvaises conséquences du futur.

Si la présence des encadreurs des enfants est gênante pour une église, l'œuvre de Dieu devient alors gênante. Qu'est-ce qui doit finalement primer, l'intérêt de Dieu ou celui des hommes ? L'éducation spirituelle ou diffuse ?

Aucune maison ne peut, à mon avis, admettre de bien élever ses enfants pour les voir gêner la société de demain. Ils voudront toujours du bien pour leur propre honneur. Pensons-nous aussi à l'honneur que Dieu pourrait tirer demain des enfants si on ne paralyse pas l'Ecole de Dimanche ? Si on refuse d'investir dans la fondation d'une maison, les murs vont-ils promettre ? Loin de là.

L'avenir d'une église digne, en dehors de la considération qu'elle a pour ses piliers, dépend aussi de la façon dont elle traite ou considère son ministère auprès des enfants, ceux qui y travaillent et les enfants qui y sont enregistrés.

Une question vaut la peine d'être posée : les jeunes dont les oreilles paraissent en l'air ou qui n'écoutent presque pas, et dont le comportement laisse à désirer... ont-ils été conduits à l'école de Dimanche pendant leur enfance ? Si oui, pensez-vous à vérifier comment était traitée leur école de Dimanche ? Comment espérer avoir un accouchement d'un enfant en forme normale si sa maman est chaque fois menacée et stressée, évoluant dans un environnement hostile pendant qu'elle est enceinte ?...

Si une école de Dimanche est aujourd'hui combattue, elle va sans doute boiter, et plus les jours passent, plus elle tombera presqu'en faillite, et la paralysie va conclure les choses.

De nos jours, nombre de chrétiens pensent que le ministère auprès des enfants n'est rien d'autres qu'un cadre chargé de sauter avec les enfants le Dimanche et les distraire un peu, ou même une organisation dont la mission est de décharger les parents des bruits de leurs enfants le matin du Dimanche, sans autre devoir spirituel à accomplir. Parce que les choses sont mécomprises, ils mettent facilement les bâtons dans les roues de cette précieuse organisation chargée d'inculquer les bonnes choses de la Bible dans la tête des enfants.

Faudra-t-il encore dans ce siècle réapprendre aux responsables des églises qu'ils sont le fruit de l'école de Dimanche et qu'ils doivent dès lors la soutenir et menacer l'ennemi qui lui en veut ?... aux autres membres de l'église qu'ils vont paralyser l'éducation spirituelle de leurs propres enfants en combattant le ministère auprès des enfants ?

Les études primaires, secondaires et/ou universitaires ne suffisent pour bien se conduire dans la vie ; la parole de Dieu devra y être associée et ce, dès l'âge le plus bas de la vie de l'homme afin de ne pas percher l'arbre.

Croyez-moi, ceux qui en veulent à l'école de Dimanche et qui n'en comprennent pas le bien-fondé subiront les catastrophes auxquelles ils ne s'attendaient guère, elles leur seront plus fâcheuses que celles subies au cours de l'histoire de leur vie.

A l'origine, Robert RAIKES a initié ce mouvement pour limiter la monnaie courante des antivaleurs répandues par les adultes en abusant de la fragilité des enfants. Les parents et les églises doivent comprendre que les mêmes choses risqueraient de reprendre leur cours normal s'ils en veulent à l'existence et à l'avancement de la parole de Dieu au milieu des enfants.

Déjà sommes-nous témoins de la délinquance que font montre les enfants désintéressés de l'école de Dimanche, serait-ce encore la peine de combattre ceux qui essaient de s'imprégner des enseignements chrétiens dès leur bas âge ? Les écoles de Dimanche freinent comme pas possible les antivaleurs de la société en préparant les enfants à dénoncer le noir et appuyer le clair selon le goût de la parole de Dieu.

Quiconque voudrait manger les bons fruits de l'éducation spirituelle de son enfant devra dorénavant arrêter de menacer les racines, donner estime au ministère auprès des enfants.

Futur leadership menacé

La capacité à influencer les autres à suivre une vision, tel est le leadership. Les encadreurs des enfants sont chargés de les influencer vers la rencontre de Jésus, finalité ultime du ministère auprès des enfants.

Les enfants copient ce qu'ils voient. S'ils parviennent à comprendre que leur ministère est mécompris et combattu, seront-ils une fois grands, en mesure se lancer à conduire d'autres enfants à la rencontre de Jésus-Christ ? Je ne pense pas.

Si Josué a passé un temps à hésiter de conduire les enfants d'Israël, c'est parce qu'il a jeté les yeux en arrière, dans le passé et, voyant comment ce peuple combattait Moïse dans son leadership, son cœur était troublé. Le présent influence tellement le futur qu'on ne le pense.

L'école de Dimanche doit perpétuer l'enseignement de Jésus parmi les enfants. Pour y arriver, il faut des leaders, des moniteurs. L'église doit donc garder un œil ouvert sur les hommes de la descendance de Koré et de Miriam, qui s'opposent au leadership actuel afin de ne pas laisser des séquelles interminables et voir chavirer le bateau du ministère auprès des enfants par manque de futurs bons leaders.

Il faut que les hommes que l'école de Dimanche encadre soient demain capables d'investir leur temps au service de Dieu comme moniteurs. C'est la façon dont ils voient l'église traiter leurs moniteurs qui les poussera aussi à accepter de diriger la prochaine école de Dimanche. Soit on aura un ministère auprès des enfants sans leader engagé, soit on aura une école de Dimanche inexistante et ça sera la chute de l'église.

On combat Jésus sans le savoir

Aucune œuvre divine ne laisse Dieu indifférent. Il a ses yeux ouverts là-dessus. Enseigner les enfants est une tâche divinement attestée, un commandement céleste tel qu'on peut le voir dans Deutéronome 6 :7.

Moïse, serviteur de l'Éternel, était chargé de transmettre la parole aux parents et, de ceux-ci cette parole parvenait aux enfants. Entendons-nous par-là que la parole de Dieu doit être étendue même aux enfants.

Ce que l'école de Dimanche fait n'est rien d'autre que la réponse au commandement de Dieu, la continuité de ce que faisaient les parents de la période mosaïque. Les moniteurs ont seulement remplacé ces parents-là, ils ne sont pas des hommes inutiles.

Avoir un mauvais œil sur ce que fait l'école de Dimanche est une attaque contre Dieu qui a donné l'ordre d'enseigner les enfants. Avez-vous déjà vu un homme combattre Dieu et rester impuni ? ne savez-vous pas que ceux qui vont à l'encontre de l'ordre de Dieu restent toujours frappés de malheur ? Ne pas aimer la créature est égal à détester le créateur.

Tout aigle a le devoir ses aiglons apprendre à prendre de l'envol et apprendre à se débrouiller pour leur bonne survie. Empêcher les enfants (aiglons)de prendre petit à petit leur envol spirituel n'est pas différent d'aller à l'encontre des désirs de l'aigle. N'est-ce pas une provocation à sa place ?

Dieu ne laissera jamais impuni celui qu'il tient pour coupable, même celui qui combat son œuvre parmi les enfants. De même que sa colère s'est abattue sur la famille de Koré, de même va-t-il la décharger sur quiconque s'oppose à l'avancement du ministère auprès des enfants.

On menace la santé spirituelle des enfants

Vouloir que les enfants ne soient pas des patients spirituellement malnutris, tel devrait être le souhait de chaque fidèle. Cela n'est possible que dans la mesure où on laisse avancer en paix le ministère auprès des enfants. Les églises doivent à cet effet respecter, soutenir et booster leurs écoles de Dimanche.

Une chose est certaine : l'homme a si vite oublié que quand on s'engage à en vouloir au ministère auprès des enfants et à le combattre, on porte atteinte à la santé spirituelle des enfants.

Qui d'entre les parents se plairait de voir son enfant tomber malade physiquement ? Tomber dans un tableau de malnutrition ? Qui d'entre eux trouverait du plaisir à voir ses enfants maigrir d'une minute à une autre ? ... seuls les psychopathes. Alors pourquoi combattons-nous la source de leur bien-être spirituel ?

La vulnérabilité spirituelle de nos enfants nait du fait que la source d'approvisionnement se voit menacée ou attaquée, mécomprise et combattue.

Dans ce siècle, la pensée humaine dit qu'il vaut mieux soutenir la vie d'un pasteur que d'un enfant. Mais le pasteur n'était-il pas enfant ? N'a-t-il pas été encadré au ministère auprès des enfants ? c'est de la mécompréhension des choses qui génère tout ça.

Six :
LE COMBAT CONTRE LE MINISTERE AUPRES DES ENFANTS : Qui est impliqué ?

Plusieurs sources livrent combat spirituel et physique contre les écoles de Dimanche. Mais essayons de les grouper en deux : les combats endogènes et les combats exogènes.

Combat endogène (interne ou intra départemental)

Ne lit-on pas dans la Bible les paroles de Jésus selon lesquelles le premier ennemi de l'homme n'est pas Satan mais celui avec qui il habite ensemble, le frère ou la sœur, le père ou la mère de la même maison ? Jésus n'a-t-il pas fait voir aux gens que le sang peut combattre le sang ?

Pour Jésus, les luttes entre membres d'une même famille existent et sont parmi les premières lignes des combats qui puissent exister. A proprement parler, ce combat est celui qui se passe au niveau intra départemental, entre ministère auprès des enfants et ministère auprès des jeunes.

Il est l'une des formes dangereuses de combat. Si un homme donne une fausse information à propos de son frère ou sa sœur, qui ne le croirait pas ? on y croit vite parce que c'est la bouche de la famille qui a parlé. La réputation de l'aîné peut facilement être sapée par le cadet, et le contraire est possible. Voyez... Est-ce normal de vivre pareilles situations au sein d'un département de l'église de Jésus-Christ ? Pas du tout. C'est un blocage à l'œuvre de Dieu.

Il est souvent difficile de découvrir ce genre de combat, étant donné que nous nous faisons tous confiance en tant que membres du ministère, membres de la même famille, du même département.

Si cette parole de **Matthieu 10 :38** n'avait aucun sens pour Jésus, il n'en aurait pas parlé et les apôtres n'en feraient pas mention dans la Bible. C'est une évidence, l'ennemi du compagnon n'est qu'un compagnon.

L'école de Dimanche, pépinière dynamique du ministère auprès des jeunes et par conséquent de toute l'église, se trouve dans la plupart des confessions religieuses tiraillée entre d'une part le souci d'entretenir et maintenir une bonne collaboration avec sa grande sœur Jeunesse pour Christ et, d'autre part résilier le contrat de collaboration, ce qui ne serait qu'une porte d'entrée des puissances invisibles malveillantes qui nuiraient davantage à l'avancement des choses spirituelles. Mais comment s'y prendre ? Faudra-t-il s'allier à l'idée « ***d'entre un frère et un ami le choix est clair ?*** » ou à celle qui dit qu'un « ***ennemi visible le restera toute sa vie quelles que soient les bonnes preuves d'amour qu'on puisse manifester à son égard ?*** »

L'heure est grave ! voilà que nous traversons une étape où le crocodile qui est reptile et ovipare voit figurer son nom sur la même liste que la poule qui est oiseau et ovipare. A cause de cela, il s'avise de se venger de la poule car elle paraît insignifiante et n'a pas d'écailles. Mais ne sont-ils pas tous ovipares ? Ne partagent-ils pas la même forme de reproduction quelle que soit leur différence de peau ? Ces deux ministères, ne sont-ils pas tous de l'éducation chrétienne ? Pouvons-nous par-là admettre que l'histoire de Caïn et Abel n'était que l'ombre des choses présentes ?

Combat exogène (externe et surtout interdépartemental)

La haine est l'un des cours de la grande école de la sorcellerie. Mais elle est croissante entre départements dans la plupart des églises. Loin de nous le besoin de conclure là-dessus, et voilà pourquoi le diable se trouve infiltré jour et nuit parmi les chrétiens. C'est un combat quand même facile à découvrir, quelles que soient la politique de cachette de l'autruche utilisée par les meneurs de troubles.

Plusieurs choses peuvent motiver le voisin à en vouloir à son compagnon : soit il se voit inférieur en tel ou tel point de la vie, soit il envie la bénédiction de l'autre, soit il est naturellement méchant, ou même il ne se contente pas du peu qu'il a malgré cela, ce n'est pas au milieu des enfants de Dieu que ces choses doivent se laisser voir.

Plusieurs départements et autres membres dans les églises ne supportent facilement pas la présence des moniteurs ou mieux l'avancement des activités de l'école de Dimanche. La preuve est qu'ils sont prêts à tout, même à conjurer leurs efforts et tailler de fausses histoires contre ce ministère. Ils peuvent facilement se concerter, comploter et tout mettre en jeu afin d'intercaler les petits enfants en incitant parfois les dirigeants de l'église, pasteurs et anciens, à prendre certaines mesures lourdes à l'égard des moniteurs et enfants.

Chaque personne a dans le plan de Dieu un temps favorable prévu pour sa bénédiction, et les hommes ne seront jamais pareils sur le plan spirituel. Nombre d'écoles de Dimanches ont toujours bénies et avancent comme des aigles. Malheureusement les voisins n'ont jamais applaudi les efforts et la bénédiction de Dieu. C'est pitoyable !

Que retenir finalement ?

Le ministère auprès des enfants est un précieux cadre de formation chrétienne. Il doit être respecté, honoré et soutenu au même titre que le culte et musique et l'évangélisation, au même titre que tout autre département au sein de l'église. Les combats et la haine bloquent son avancement et énervent le trône de Dieu. Les enfants doivent participer librement aux cultes pour construire des murs solides de leur foi, sans être gènes ni vus d'un mauvais œil pour leur appartenance à l'assemblée des enfants de Dieu.

Dans plusieurs églises, les protocoles, les membres du ministère auprès des jeunes et autres départements négligent les enfants et les moniteurs, les combattent ou les aiment à peine. S'adonner aux enfants n'est pas facile, étant donné que même les parents ne savent toujours pas les maîtriser sans les frapper. Ils recourent parfois à des moyens de punition physiques pour palier à certains problèmes de leurs propres enfants, mais l'église est un lieu de recadrage basé sur ce que dit la parole de Dieu.

On peut apprendre à son enfant ce que donne deux plus deux (2+2), c'est bien et c'est la volonté du souverain Dieu ; mais lui apprendre aussi ce que donne le fait de suivre Jésus-Christ, c'est mieux et c'est le plan de Dieu.

Le respect et le soutien qui doivent être dus à l'école de Dimanche font partie des devoirs que doit avoir toute famille qui désire voir grandir son fils dans un climat de paix avec Dieu, car gagner un enfant dès son âge vulnérable revient à gagner son avenir pour Christ.

Que les chrétiens aient un vrai amour intra et interdépartemental au-delà de la mesure. Les luttes font partie des œuvres de la chair, manifestes même au-devant des non-croyants.

Que le ciel bénisse les moniteurs pour le dévouement désintéressé ;

Que Dieu vienne au secours à ceux qui ont l'estime envers le ministère auprès des enfants

Que l'église corps du Christ soit bénie.

REFERENCES

Préface de **Guy ZELLER** à l'édition française de « A QUI EST CET ENFANT ? » de Bill Wilson, Janvier 2005.

José LONCKE : Le 4 septembre 1736, Naissance du fondateur des Ecoles du Dimanche ; publié le 4 septembre 2022

Thomas D. ANDERSON: The Ministry of Teaching in the Sunday School ; The Biblical World, Vol.18, No.4, July 2009.

Pascal Denault: les enfants doivent-ils assister au culte ?

Ministère Adventiste: Jésus aime-t-il toujours les enfants ?

Jean René CHATY: École du dimanche, publié le 14 août 2019.

Printed by Books on Demand GmbH, Norderstedt / Germany